我能管好自己 17

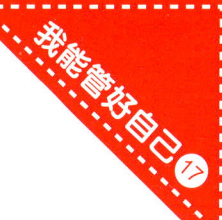

不要冷落别人

[英] 亚尼内·阿莫斯 / 著　[英] 安娜贝尔·斯彭斯利 / 绘
[英] 雷切尔·安德伍德 / 幼教顾问　贾洪宝 / 译

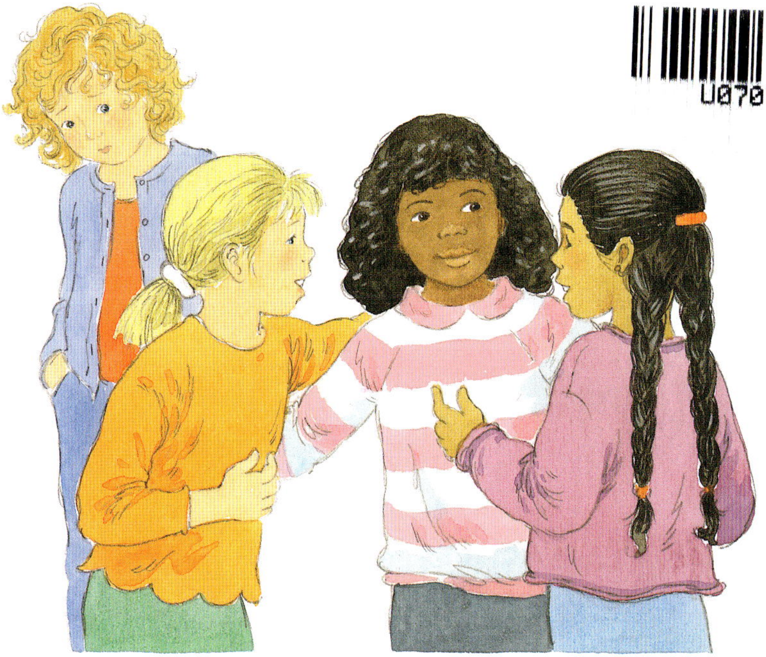

知识产权出版社
全国百佳图书出版单位

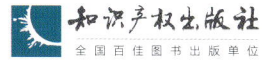

写在前面的话

如果你只想和自己的朋友一起玩,其他人也想参与时就会产生问题。当你和别人的想法不一致时,下面这些步骤会对你们有所帮助:

1. 让每个人都说出自己的感受。
2. 找出存在的分歧或问题。
3. 讨论一下解决问题的不同方法。
4. 选择一种大家都能接受的解决方法。

这本书中,孩子们通过商量解决了问题。读一读,学学他们解决问题的方法吧!

玩游戏

课间活动时间到了,大家都冲到了操场上。凯特琳、希塔和霍利早就等不及了,她们想继续一起玩游戏。

"我们该玩'逃出迷宫'那部分了!"霍利提醒大家。

这时候,霍利看见艾丽斯向她们走过来。
"快点儿!"霍利说,"在艾丽斯过来前就开始玩。"
女孩们四散跑开,假装迷了路。

艾丽斯站在那里看着她们玩。

"你们玩的是什么游戏?"她问。

但凯特琳、希塔和霍利连看都不看艾丽斯一眼,只顾接着玩。

"嗨!"艾丽斯大声问,"我能和你们一起玩吗?"
可是没有一个人回答她。
"我们念'密码'吧!"霍利说。
三个女孩手拉着手站成一圈,低声念着一长串"密码"。

艾丽斯一个人坐在操场边,感到很难过。

过了一会儿,希塔走到艾丽斯身边,挨着她坐下来。
"停一会儿!"希塔对伙伴们说,"艾丽斯哭了!"
"怎么了?"霍利问。

"我也想玩!"艾丽斯说。

"不行!"霍利回答,"我们昨天就开始玩这个游戏了,你不知道该怎么玩。"

"我们可以换一个新游戏,"希塔说,"这样艾丽斯就可以一起玩了。"

"不!"霍利反对,"现在玩的这个游戏很有趣。"

"我也想继续玩。"凯特琳说。

她们都站在那儿看着艾丽斯。

艾丽斯在想办法。

"把游戏规则讲给我听,"过了一会儿,她说,"这样我就可以和你们一起玩了。"

"时间不够了,"凯特琳说,"课间活动快结束了。"

"我们现在就把规则告诉艾丽斯,午饭后,再和她一起接着玩。"希塔建议。

她们都在长椅上坐了下来,霍利开始给艾丽斯讲游戏规则……

射 门

　　迈克尔和汤姆正在练习足球射门。先由迈克尔守门，汤姆来射门。射门十次后，两人轮换。

　　本跑过来，先站在边上看了一会儿，接着就喊起来："传给我！"

　　"不！我们正在练习射门！"汤姆大声回答。

本很生气,他跑过去,从迈克尔脚下把球抢过来。
"还给我!"迈克尔一边大声叫着,一边跑来追球。

  本突然推了一下迈克尔,就要拿到球的迈克尔摔倒了。汤姆跑过来,抓住了本的胳膊。
  "把球还给我们!"汤姆大声喊起来。

"放开我!"本大声叫道。
他们揪着对方的衣服,扭打在一起。

凯茜老师发现后,急忙跑了过来。
"住手!"她叫道,"出什么事了?"
"他们俩不让我踢球!"本大声回答。

三个男孩同时向老师诉说起来。
"一个一个讲,"凯茜老师说,"这样我才能听清楚。"

　　男孩们一个接一个地向老师说明了这件事。
　　"原来是这样——你们两个人正在练习射门,可是,本想和你们一起玩。那么,该怎么办呢?"凯茜老师问道。

"我们站成一圈来踢球吧,"本建议,"那样就都可以玩了。"
"可我们想练习射门。"汤姆回答。

"什么办法可以让三个人都能练习射门呢？"老师又问。

迈克尔有了一个主意。
"我们可以轮流踢。"他建议。

"行!踢十次就换人。"汤姆说。
"可以!"本也赞成。

"你们都同意这个办法吗？"凯茜老师问。
男孩们点了点头，接着就按照规则玩起来。

"你们做得真棒,自己把问题解决了!"凯茜老师说着,脸上露出了微笑。

学会解决问题

当你和朋友们玩游戏时,很容易冷落其他想要参与进来的人。你或许不是故意表现得不友好,而是不想游戏被打断,可是,其他想参与游戏的人被冷落了,这就是问题。

　　如果注意到有人被冷落了，就要停下来，大家商量一下，寻找一种让其他人也能参与的办法。如果是你被冷落了，就告诉别人你想和他们一起玩。

图书在版编目（CIP）数据

不要冷落别人 / (英) 阿莫斯著；贾洪宝译 . — 北京：知识产权出版社, 2016.1

(我能管好自己) 书名原文：Why be unfriendly？

ISBN 978-7-5130-3301-5

Ⅰ.①不… Ⅱ.①阿… ②贾… Ⅲ.①品德教育 — 儿童教育 — 家庭教育 Ⅳ.① G78

中国版本图书馆 CIP 数据核字 (2015) 第 013654 号

First published in the United Kingdom by Cherrytree Books,2000
Copyright©Evans Brothers Ltd.
This edition published under licence from Pila Books Limited.
This edition is only available for sale in Mainland China.

责任编辑：李 潇　　　　　　　　　责任校对：谷 洋
装帧设计：于 静　　　　　　　　　责任出版：刘译文

我能管好自己 ⑰
不要冷落别人
[英] 亚尼内•阿莫斯 著　　　[英] 安娜贝尔•斯彭斯利 绘
[英] 雷切尔•安德伍德 幼教顾问
贾洪宝 译

出版发行：知识产权出版社 有限责任公司	网　址：http://www.ipph.cn
社　址：北京市海淀区马甸南村1号	邮　编：100088
责编电话：010-82000860 转 8133	责编邮箱：elixiao@sina.com
发行电话：010-82000860 转 8101/8102	发行传真：010-82000893/82005070/82000270
印　刷：北京中科印刷有限公司	经　销：各大网上书店、新华书店及相关专业书店
开　本：787mm×1092mm 1/16	字　数：40 千字
版　次：2016 年 1 月第 1 版	印　张：2
ISBN 978-7-5130-3301-5	印　次：2016 年 1 月第 1 次印刷
京权图字：01-2015-0594	定　价：9.00 元

出版权专有 侵权必究
如有印装质量问题，本社负责调换。